# rororo rotfuchs

*Heinrich Hannover,* * 1925; seit 1954 Rechtsanwalt in Bremen.
Kinderbuchveröffentlichungen: «Das Pferd Huppdiwupp» (rotfuchs 5); «Die
Birnendiebe vom Bodensee» (rotfuchs 32); «Der vergeßliche Cowboy» (rot-
fuchs 236); «Das Huppdiwupp Bilderbuch» (rotfuchs 257); «Schreivogels tür-
kisches Abenteuer», 1981; «Die Geige vom Meeresgrund», 1982 (letztere drei
Titel zusammen mit Hansjörg Langenfass). – Weitere Veröffentlichungen:
«Politische Diffamierung der Opposition», 1962; «Politische Justiz 1918–
1933», 1966; «Der Mord an Rosa Luxemburg und Karl Liebknecht», 1967
(beide mit Elisabeth Hannover-Drück); «Lebenslänglich», Protokolle aus der
Haft, 1972 (mit K. Antes und Chr. Ehrhardt);«Klassenherrschaft und Politische Justiz», 1978; «Die unheimliche Republik», 1982 (zusammen mit Günter
Wallraff).
In einem Nachwort, das er eigens für diese Ausgabe schrieb, faßt Heinrich
Hannover die Erfahrungen und Einsichten zusammen, die er beim Erfinden
seiner Geschichten «in der lebendigen Auseinandersetzung mit Kindern»
gewann.

60.–64. Tausend Dezember 1983

Veröffentlicht im Rowohlt Taschenbuch Verlag GmbH, Reinbek bei Hamburg, März
1972/© 1972 by Heinrich Hannover/Umschlagillustration Fritz Seifert (11 Jahre)/rot-
fuchs-comic (Umschlagrückseite) Jan P. Schniebel, Copyright © 1975 by Rowohlt Taschenbuch Verlag GmbH, Reinbek bei Hamburg/Typographie und Ausführung des
Umschlags Manfred Waller/Alle Rechte an diesen Ausgabe vorbehalten/Gesetzt aus
der Garamond (Linotron 505 C)/Gesamtherstellung Clausen & Bosse, Leck/Printed in
Germany/580-ISBN 3 499 20081 3

Heinrich Hannover

# Der müde Polizist

und andere Geschichten

Rowohlt

# Inhaltsverzeichnis

| | |
|---|---|
| Der müde Polizist | 5 |
| Vom Mond, der auch einmal schlafen wollte | 6 |
| Von der Laterne, die ein Sternlein werden wollte | 7 |
| Der Besuch bei der Sonne | 10 |
| Rumpelpumpel | 11 |
| Die Trompete, die von selbst tuten konnte | 12 |
| Kasperles nächtlicher Streich | 16 |
| Lulatsch und Struppi | 19 |
| Der vergeßliche Papa | 21 |
| Abenteuer einer Flöte | 24 |
| Der Schokoladenelefant | 26 |
| Die schwarze Puppe | 27 |
| Die diebische Elster | 29 |
| Die gebadete Sonne | 32 |
| Zu dritt auf einem Pferd | 34 |
| Der Fisch mit den goldenen Augen | 37 |
| Der Doktor und das Wildschwein | 40 |
| Olli und Molli und der gefangene Vogel | 43 |
| Carolas Besuch bei der Sonne | 45 |
| Carolas Luftreise | 48 |
| Die Seejungfrau | 51 |
| Rosenstiel und Rosenstengel 1 | 54 |
| Rosenstiel und Rosenstengel 2 | 55 |
| Rosenstiel und Rosenstengel 3 | 57 |
| Rosenstiel und Rosenstengel 4 | 58 |
| Nachwort für Ältere | 60 |

# Der müde Polizist

Auf der Kreuzung stand ein Polizist. Der zeigte mit den Armen, wie die Autos fahren müssen. Mal stand er so, mal so. Als er eine Stunde gestanden hatte, wurde er ganz müde. Er ging in den Park, legte sich auf eine Bank und schlief ein. Das gab auf der Kreuzung aber ein Kuddelmuddel. Die Autos kamen gar nicht mehr aneinander vorbei und fingen an zu hupen. Tuuut–tuuut–tuuut! Aber der Polizist schlief und schlief und wachte auch von dem Hupen nicht auf.

Da kam der kleine Heiner und spielte Polizist. Er stellte sich mitten auf die Straße und zeigte den Autos, wie sie fahren müssen. Aber er zeigte ihnen einen ganz falschen Weg. Denkt euch, er zeigte ihnen den Weg in den Park, wo Autos gar nicht fahren dürfen. Da fuhren die Autos in den Park hinein und genau zu der Bank hin, auf der der Polizist lag und schlief.

«Warum geht's denn da nicht weiter?» rief der kleine Heiner.

«Ach, da liegt ja der Polizist auf der Bank und schläft. Macht doch alle einmal ganz laut tuuut!» Da machten die Autos alle ganz laut: tuuuut–tuuuut! Und der Polizist kriegte einen Schreck und wachte auf. «Wo bin ich?» sagte der Polizist. Als er die vielen Autos im Park sah, stand er schnell von seiner Bank auf und winkte mit den Armen: «Weiterfahren! Weiterfahren!»

Als die Autos alle wieder auf der Straße waren, ging der Polizist langsam durch den Park nach Hause. Er dachte: «Hoffentlich hat das nicht der Polizeipräsident gesehen.»

Der kleine Heiner aber legte sich auf die Bank im Park und schlief gleich ein. Denn vom Polizistspielen wird man auch müde.

## Vom Mond, der auch einmal schlafen wollte

Jeden Abend steht der Mond am Himmel und leuchtet. Aber heute ist der Mond ganz müde und will auch einmal schlafen.

«Wer deckt mich denn zu?» fragt der Mond. «Vielleicht die Sonne? Ruft einmal die Sonne!»

«Sonne!»

«Die Sonne schläft wohl schon. Oder die Sterne? Ruft einmal die Sterne!»

«Sterne!»

«Ja, was sollen wir denn?»

«Ihr sollt den Mond zudecken.»

«Aber wir können doch den Mond nicht zudecken, wir sind doch viel zu klein.»

Ja, wer soll denn nun den Mond zudecken? Vielleicht die Wolke? Ruft einmal die Wolke!

«Wolke!»

«Ja, was soll ich denn?»

«Du sollst den Mond zudecken.»

Sch-sch-sch-sch, macht die Wolke und deckt den Mond zu. Und der Mond blinzelt noch einmal mit einem Auge hinter der Wolke hervor, und dann ist er eingeschlafen.

# Von der Laterne, die ein Sternlein werden wollte

Es war einmal eine Laterne, die hatte den ganzen Abend geleuchtet, und jetzt schlief sie neben dem Kinderbett. Mitten in der Nacht wachte die kleine Laterne auf. Da schaute der Mond zum Fenster herein und sagte: «Du leuchtest ja so schön! Willst du nicht auch ein Sternlein werden?»

«O ja», sagte die kleine Laterne und flog zum Fenster hinaus hoch in den Himmel.

«Nanu», sagten die Sterne, «was ist denn das für ein Stern? Der kann ja noch schöner leuchten als wir! Wo kommst du denn her?» fragten die Sterne die kleine Laterne.

«Dort aus dem Haus komme ich, wo das Kind im Bett schläft.»

Da schauten die Sterne alle zum Fenster hinein und wollten das Kind sehen. Aber ein Sternlein, ein ganz kleines, machte dabei solchen Krach, daß das Kind aufwachte. Husch-husch flogen die Sterne schnell wieder weg zum Himmel. Als das Kind sah, daß die Laterne nicht mehr da war, wurde es ganz traurig und fing an zu weinen.

«Wo ist meine Laterne?» jammerte es. Das hörte die kleine Laterne. «Ach, was soll ich jetzt bloß machen», sagte die kleine Laterne, «soll ich ein Sternlein am Himmel bleiben, oder soll ich wieder zu dem Kind gehen?» Die Laterne wollte so gern ein Sternlein bleiben, aber schließlich tat ihr das Kind doch leid, und sie sagte zu den anderen Sternen: «Wie komme ich denn jetzt wieder zur Erde?»

«Oh, solange das Kind noch weint, mußt du hierbleiben,

aber wenn es aufhört zu weinen und schläft, dann können wir dich zurückbegleiten. Denn wir dürfen nur zu schlafenden Kindern in das Zimmer kommen.»

Da warteten die Sterne, bis das Kind eingeschlafen war, und dann flogen sie herunter vom Himmel, zum Fenster hinein und legten die Laterne neben das Kinderbett. Sie standen noch eine Zeitlang um das Bett herum und schauten das schlafende Kind an, und dann flogen sie wieder zum Fenster hinaus. «Tschüs, Laterne», sagten die Sterne, und «Tschüs, Sterne», sagte die Laterne.

Aber ein Sternlein, ein ganz kleines, stolperte, als es aus dem Fenster hinausfliegen wollte, und von dem Krach wachte das Kind auf. Husch-husch flog das kleine Sternlein davon in den Himmel, aber das Kind hatte noch ein bißchen von seinem Licht gesehen.

Als das Kind sich umschaute, da sah es die Laterne neben dem Bettchen liegen. «Da bist du ja wieder», sagte das Kind, «wo warst du denn?»

«Ich war oben am Himmel und wollte ein Sternlein werden. Aber weil du so traurig warst, bin ich zu dir zurückgekommen. Die Sterne haben mich hergebracht.»

«Nun sollst du aber nicht wieder weggehen», sagte das Kind.

«Nein», sagte die kleine Laterne, «wenn du mich nicht kaputtmachst, will ich immer bei dir bleiben.»

## Der Besuch bei der Sonne

Es war einmal ein kleiner Junge, der wollte die Sonne besuchen. Er stieg auf einen Tisch, aber die Sonne war noch viel höher. Da stellte er einen Schemel auf den Tisch und stieg hinauf, aber die Sonne war noch viel höher. Da stellte er einen großen Würfel auf den Schemel und stieg hinauf, aber die Sonne war noch viel höher. Da stellte er einen Stuhl auf den Würfel und stieg hinauf, aber die Sonne war noch viel höher. Da stellte er eine Leiter auf den Stuhl und stieg – tripp – trapp – tripp – trapp – immer höher und höher. Die Sonne hatte ihn schon entdeckt und lächelte ihm zu. Da fiel plötzlich – plumps – die Leiter um, und der kleine Junge fiel herunter. Aber da hielt die Sonne schnell einen Strahl hin und fing ihn auf.

«Willst du zu mir kommen?» fragte sie ihn.

«Ja, gern», sagte der Junge, und die Sonne holte ihn zu sich herauf. «Guten Tag, Sonne», sagte der Junge.

«Guten Tag, Junge», sagte die Sonne.

«Hier ist es aber schön warm», sagte der Junge.

«Ja, aber es wird schon Abend, und wenn es dunkel wird, dann wird es hier oben auch kalt.»

«Dann will ich lieber schnell wieder hinunter zur Erde», sagte der Junge. Aber da war es schon zu spät, die Sonne hatte gar keine Strahlen mehr, und der Himmel war plötzlich ganz voll Wolken.

«Jetzt mußt du bei mir bleiben», sagte die Sonne, «aber du brauchst nicht zu weinen, in meinem Wolkenbett ist es auch schön warm.» Und so blieb der kleine Junge über Nacht bei der Sonne und schlief in ihrem Wolkenbett.

Als er am nächsten Morgen aufwachte, war es schon ganz hell. «Guten Morgen, Junge», sagte die Sonne.

«Guten Morgen, Sonne.»

«Hast du gut geschlafen?» fragte die Sonne.

«Prima!» sagte der Junge. «Aber nun will ich schnell wieder nach Hause.»

Da streckte die Sonne einen langen Strahl aus, der reichte bis zu dem Haus, wo der Junge wohnte, und durch das offene Fenster bis ins Bett hinein. Da rutschte der Junge schnell an dem Strahl hinunter und plumpste mitten ins Bett.

## Rumpelpumpel

Am Tage nach Weihnachten lag eine kleine Puppe ganz einsam auf der Straße und weinte. Heinerle kam vorbei und fragte: «Warum weinst du denn?»

«Mich hat gestern der Nikolaus aus dem Sack verloren – huhu!» – «Wie heißt du denn?»

«Ich heiße Rumpelpumpel.» – «Willst du mit mir kommen?» – «Ja.»

Da nahm Heinerle die kleine Puppe mit nach Hause. Dann fragte er Rumpelpumpel: «Willst du in meinem Bett schlafen?» – «Nein, dein Bett ist mir zu groß.»

«Oder willst du in meinem Schuh schlafen?»

«Nein, dein Schuh ist mir zu klein.» – «Oder willst du auf dem Teppich schlafen?» – «Nein, der Teppich ist mir zu hart.» – «Oder willst du in der Badewanne schlafen?» –

«Nein, die Badewanne ist mir zu naß.»

«Oder willst du auf dem Dach schlafen?» – «Nein, das Dach ist mir zu hoch.» – «Oder willst du im Schrank schlafen?» – «Nein, im Schrank ist es mir zu dunkel.» «Ja, wo willst du denn schlafen?» – «Ich will im Puppenwagen schlafen.» Da holte Heinerle den Puppenwagen und legte Rumpelpumpel hinein. Dann sang er Rumpelpumpel noch ein Schlaflied vor, und dann schlief Rumpelpumpel ein.

## Die Trompete, die von selbst tuten konnte

(gesendet von Radio Bremen)

Es war einmal eine Trompete, die konnte ganz von selbst tuten, man brauchte gar nicht hineinzublasen. Die lag mit vielen anderen Trompeten in einer Schachtel. Und die Schachtel lag mit vielen anderen Schachteln in einer Kiste. Und die Kiste lag mit vielen anderen Kisten in einem Wagen. Und der Wagen hing an einem Wohnwagen, und der Wohnwagen hing an einem Traktor. Auf dem Traktor saß der Vater und steuerte – brummbrummbrumm. In dem Wohnwagen saß die Mutter und rührte die Suppe um. Und in dem zweiten Wagen saßen die beiden Kinder, Max und Maria, sie saßen mitten zwischen den Kisten und Schachteln mit Windrädchen, Luftballons, Papierrosen, kleinen Puppen und Teddybären. Ja, und in einer Schachtel waren die Trompeten, und mitten unter den Trompeten lag – wißt ihr es noch? – die Trompete, die von selbst tuten konnte.

Der Vater war einmal Zirkusdirektor gewesen, aber sein Zirkus war abgebrannt, und nun waren sie ganz arme Leute und fuhren von Jahrmarkt zu Jahrmarkt und verkauften Windrädchen, Papierblumen und anderen Kleinkram. Aber ganz arm waren sie doch nicht, denn sie hatten ja die Trompete, die von selbst tuten konnte. Der Vater sagte manchmal: «Kinder, paßt nur auf, daß nicht einmal die Trompete, die von selbst tuten kann, verlorengeht!» Einmal hätten sie beinahe aus Versehen die Trompete, die von selbst tuten konnte, auf einem Jahrmarkt an ein Kind verkauft. Als sie es merkten, wollte das Kind die Trompete nicht wieder hergeben. Aber dann haben sie dem Kind drei andere Trompeten geschenkt und noch eine Puppe und einen Teddybären dazu, da hat es die Trompete, die von selbst tuten konnte, wieder herausgerückt.

So fuhren sie Jahr für Jahr auf der Straße durch Wald und Flur, und wenn sie in ein Dorf oder in eine Stadt kamen, dann wurden alle Kisten und Schachteln ausgepackt, eine Bude aufgeschlagen und all die schönen Sachen zum Verkauf ausgestellt. Da kamen die Kinder mit ihren Vätern und Müttern und kauften Windrädchen und Luftballons und Puppen und Teddybären und Trompeten. Wenn der Jahrmarkt vorbei war, packten Max und Maria alle Sachen, die nicht verkauft waren, wieder in die Kisten und Schachteln, und der Vater und die Mutter nahmen die Bude auseinander und packten alles wieder in den Wagen. Und dann ging es weiter ins nächste Dorf.

Einmal kamen sie durch einen großen Wald. Da fing plötzlich die Trompete, die von selbst tuten konnte, an, von selbst zu tuten. Tuutuutuut! Da kriegten die Kinder einen Schreck, denn sie wußten nicht, woher das Tuten kam. Wieder machte es tuutuutuut. Da fanden sie die Trompete, die von selbst tuten konnte. Sie war aus der Schachtel, in der die anderen Trompeten lagen, herausgefallen. Und jetzt spielten die Kinder mit der Trompete, obwohl der Vater es streng verboten hatte. Sie ließen die Trompete zum Fenster hinausblasen, und plötzlich hörten sie weit hinten im Wald ein Echo. Tuutuutuut – – tuutuutuut! Das Echo kam immer näher. Tuutuutuut – – tuutuutuut!! Und plötzlich erkannten sie, daß es gar kein Echo war, sondern ein Räuber. Der kam plötzlich mit einer Trompete aus dem Wald, sprang auf den zweiten Wagen auf, ohne daß der Vater, der auf dem Traktor, und die Mutter, die im ersten Wagen saß, etwas gemerkt hatten, und fragte: «Was gibt es denn hier zu stehlen?» – «Gar nichts», sagte Max, «wir sind ganz arme Leute.» – «Was ist denn in dieser Kiste drin?» fragte der Räuber. «Da sind nur Windrädchen drin», sagte Maria. «Und was ist in dieser Kiste drin?» – «Da sind nur Papierrosen drin», sagte Max. «Und was ist in dieser Kiste drin?» – «Da – da – da –» stotterten die Kinder und wollten es nicht sagen, denn in dieser Kiste war das Geld, das sie auf dem letzten Jahrmarkt verdient hatten. «Da sind sicher auch Papierrosen drin», lachte der Räuber und nahm die ganze Kiste mit dem Geld unter den Arm. Dann griff er sich noch die Trompete, die von selbst tuten konnte, sprang vom Wagen und verschwand schnell im Wald.

Als der Räuber ein Stück in den Wald hineingelaufen war, fing die Trompete, die von selbst tuten konnte, plötzlich an zu blasen: Tuutuutuut! Der Räuber hatte die Trompete in seinen Rucksack gesteckt und kriegte einen furchtbaren Schreck, als es plötzlich hinter ihm tutete, und dachte, die Polizei wäre schon hinter ihm her. Er rannte noch schneller vor lauter Angst. Plötzlich tutete es wieder in seinem Rucksack: Tuutuutuut! Da ließ der Räuber vor Angst die Kiste mit dem Geld fallen, um noch schneller laufen zu können, und rannte, rannte, rannte, was er konnte. Aber die kleine Trompete tutete noch einmal in seinem Rucksack. Und da meinte der Räuber, die Polizei sei ihm schon auf den Fersen, ließ vor Angst auch noch den Rucksack mit der Trompete fallen und lief über alle Berge davon.

Die Kinder aber hatten inzwischen ihren Eltern erzählt, daß ein Räuber die Kiste mit dem Geld und die Trompete, die von selbst tuten konnte, gestohlen hatte. Da hatte der Vater den Traktor angehalten, und sie lauschten in den Wald hinein, ob sie nicht die Trompete hörten. Und richtig, da machte es tuutuutuut! und bald darauf noch einmal tuutuutuut! und noch ein drittes Mal tuutuutuut! «Das wirft den stärksten Räuber um», sagte der Vater, «laßt uns hinterhergehen, sicher wartet die Trompete schon auf uns.»

Und so fanden sie nicht nur die Trompete wieder, die ihnen mit ihrem Tuten den Weg wies, sondern auch die Kiste mit dem Geld vom letzten Jahrmarkt und noch den Rucksack des Räubers dazu. In dem Rucksack aber war lauter Gold und Silber und Edelstein. Ein Jahr drauf gehörte alles ihnen, weil sich die Leute, denen der Räuber es gestohlen hatte, nicht meldeten, und da konnten sie sich einen neuen Zirkus kaufen. Jetzt fahren sie nur noch in die großen Städte und schlagen dort ihr riesiges Zirkuszelt auf.

Da gibt es Clowns und Löwen und Elefanten. Max und Maria aber reiten auf kleinen Pferden. Die Windrädchen, die Papierrosen, die Luftballons, die Puppen, die Teddybären und die Trompeten haben sie an liebe Kinder verschenkt. Aber die Trompete, die von selbst tuten kann, haben sie behalten.


## Kasperles nächtlicher Streich

11. 2. 68

Kasperle wachte einmal mitten in der Nacht auf, weil es so kalt in seinem Pappkarton war. Da hörte er Schritte auf der Treppe. «Will doch mal schauen, wer da nachts umhertappt», sagte er und lief leise ins Treppenhaus. «Ach, die Mama. Der will ich mal einen Streich spielen.» Er versteckte sich und rief: «Guten Abend, Mama!» – «Nanu», dachte die Mama, «hat da einer gerufen?» – «Ja, da hat einer gerufen», sagte der Kasper. «Das ist doch toll», dachte die Mama, «ich dachte immer, es gibt keine Gespenster, aber es gibt anscheinend doch welche.» – «Hallo, hier bin ich!» rief der Kasper aus seinem Versteck. Da kriegte es die Mama mit der Angst und lief runter zum Papa. «Du, Papa, in unserem Haus spukt es.» – «Ach was! Es gibt doch keine Gespenster», sagte der Papa. «Doch, doch, du mußt einmal kommen, da ruft irgendwer im Treppenhaus herum, aber es ist niemand zu sehen.»
Inzwischen hatte der Kasper die anderen Puppen in dem Pappkarton geweckt, und sie hatten sich überall im Haus

versteckt. Als nun die Mama mit dem Papa die Treppe heraufkam, da rief es aus allen Ecken: «Hallo, hier bin ich!» «Hallo, hier bin ich!» Mal hinten, mal vorn, mal rechts, mal links, der Papa und die Mama wurden ganz verrückt. Sie suchten überall, unter den Betten, im Kleiderschrank, in den Puppenwagen, im Waschbecken und im Klo. Aber nirgends war jemand zu sehen. Und immer noch rief es von überallher: «Hallo, hier bin ich!» «Hallo, hier bin ich!»
Da sagte der Papa: «Das sind bestimmt die Kinder.» Und sie schauten in alle Betten. Aber alle Kinder waren da und schliefen. «Na, das ist ja wirklich rätselhaft», sagte der Papa.
Da klingelte plötzlich das Telefon. Der Papa rannte hin, und wie er den Hörer abnimmt, da entdeckt er hinter dem Telefon versteckt den Kasper. «Hier ist der Kasper!» rief der Papa. «Verzeihung, dann bin ich falsch verbunden», sagte die Stimme im Telefon. «Aber ich bin jetzt richtig verbunden», sagte der Papa und hielt den Kasper an der Zipfelmütze fest. «Ja, du Schlingel, ihr seid das also gewesen!» sagte der Papa. Und dann mußte der Kasper ihm zeigen, wo die anderen Puppen sich versteckt hatten. Die Mama aber hatte schon einen kleinen Kindertisch gedeckt, und da durften die Kasperpuppen Kuchen essen und Milch trinken. «Und nun geht wieder schlafen», sagte die Mama, als alle satt waren. «Ja, aber in unserem Pappkarton ist es uns heute nacht zu kalt», sagte der Kasper. Und die Puppen beschlossen, zu den Kindern in die Betten zu gehen. Der Kasper schlupfte zu Carola ins Bett, die Gretel zu Jantje, der Seppl zu Almut und der Schutzmann zu Bettina, die Großmutter ging zu Heiner und der Zwerg zu Irmela ins

Bett. Und keins von den Kindern hat etwas gemerkt. Nur am nächsten Morgen, als die Kinder aufwachten, haben sie sich über ihre Bettgenossen gewundert. Die haben noch ganz lange geschlafen, weil sie sich in der Nacht so müde getobt hatten.

## Lulatsch und Struppi

1. 69

Carola hatte zum Geburtstag zwei Stofftiere bekommen: den Hasen Lulatsch und den Igel Struppi. Lulatsch und Struppi durften jede Nacht in Carolas Bett schlafen. Und morgens, wenn es noch so schön warm im Bett ist, gingen Carola und die beiden Tiere «in den Wald». Dann krochen sie unter das Deckbett und machten huuuh! und pieppiep! und erlebten die tollsten Sachen. Aber eines Tages sagten Lulatsch und Struppi: «Wir wollen mal in den richtigen Wald gehen!» Da ging Carola mit ihnen in den richtigen Wald. «Hier ist es aber schön!» riefen Lulatsch und Struppi und rannten in der Gegend herum, der eine schnell, der andere langsam. Dann spielten sie mit Carola Versteck und Blindekuh, und das war alles wunderbar. Aber plötzlich kam da ein Fuchs und fragte: «Darf ich mitspielen?» Carola kriegte einen furchtbaren Schreck, denn sie hatte schon gehört, daß Füchse manchmal kleine Hasen fressen. Aber Lulatsch und Struppi hatten noch nie einen Fuchs gesehen und hatten gar keine Angst. «Ja, gern», sagten sie, und so spielte der Fuchs mit. Zuerst mußte der Hase suchen, und

19

Carola, Struppi und der Fuchs versteckten sich. Plötzlich schrie Lulatsch, der Hase, da hatte ihn der Fuchs gebissen. Carola lief schnell hin und scheuchte den Fuchs weg, und so blieb Lulatsch am Leben, aber er blutete ein bißchen hinter den langen Ohren und sagte: «So ein böser Fuchs!» «Jetzt ist der böse Fuchs weg», sagte Carola und tröstete den Lulatsch. Aber der Fuchs war gar nicht weg, er kam schon wieder an, machte ein paar schöne Worte und wollte wieder mitspielen. «Nein, geh weg!» sagte Carola. Aber Struppi sagte: «Wenn du versprichst, uns nicht zu beißen, darfst du noch einmal mitspielen.» «Ich verspreche es», sagte der Fuchs. So spielte er noch einmal mit, und diesmal versteckten sich Carola, Lulatsch und Struppi, und der Fuchs mußte suchen. Plötzlich schrie wieder jemand. Was meint ihr wohl, wer das war? Das war der Fuchs. Der hatte den Igel beißen wollen, und der hatte sich schnell zusammengerollt, und der Fuchs hatte sich an den spitzen Stacheln gestochen. «Au–au!» jammerte der Fuchs, und Carola lief hin und mußte ihm ein paar Igelstacheln aus der spitzen Schnauze ziehen. «Ich beiße keinen Igel wieder», sagte der Fuchs. «Und wir spielen mit keinem Fuchs wieder Versteck», sagten der Hase und der Igel. Aber es kam alles ganz anders. Als Carola am nächsten Morgen mit Lulatsch und Struppi in ihrem Bett aufwachte, da lag doch tatsächlich ein Fuchs aus Stoff ganz friedlich zwischen ihnen. Und als Carola sich den Fuchs einmal näher ansah, da fand sie doch wirklich die kleinen Löcher in der Schnauze wieder, die er sich an den Igelstacheln gestochen hatte. Und sie haben noch manches Mal Versteck miteinander gespielt.

# Der vergeßliche Papa

11. 67

Es war einmal ein Papa, der hatte vergessen, daß er ein Papa ist. Der hatte Geburtstag, und das hatte er nicht vergessen. Er schlich sich auf den Zehen zur Tür des Geburtstagszimmers und schaute durchs Schlüsselloch. «Aber Papa, das darf man doch nicht!» rief die kleine Carola. Ja, denkt euch, der Papa hatte wirklich vergessen, daß er ein Papa ist. Endlich durfte er ins Geburtstagszimmer hinein. Als erstes sah er einen Kinderroller. «Oh, was für ein schöner Roller!» rief der Papa und fing gleich an, in der Stube herumzurollern. «Halt, halt!» rief die kleine Almut. «Das ist doch mein Roller!» und nahm dem Papa den Roller weg. Er hatte wirklich vergessen, daß er ein Papa ist.

Da sah er einen Puppenwagen. «Oh, was für ein schöner Puppenwagen!» rief der Papa und fing gleich an, den Puppenwagen im Zimmer umherzuschieben.

«Halt, haalt!» rief die kleine Bettina. «Das ist doch mein Puppenwagen!» und nahm dem Papa den Puppenwagen weg. Er hatte wirklich vergessen, daß er ein Papa ist.

Da sah der Papa ein Fahrrad. «Oh, was für ein schönes Fahrrad!» rief der Papa und schwang sich hinauf und fuhr immer um den Tisch herum. «Halt, halt!» rief die lange Irmela. «Das ist doch mein Fahrrad!» und nahm dem Papa das Fahrrad weg. Er hatte wirklich vergessen, daß er ein Papa ist.

«Ja, wo sind denn eigentlich meine Geburtstagsgeschenke?» fragte der Papa ganz traurig. «Da und da!» sagten die Kinder und zeigten auf den Geburtstagstisch. Da lag zum

Beispiel ein Schlips. «Was soll ich denn mit einem Schlips?» fragte der Papa. Und da lag ein elektrischer Rasierapparat. «Was soll ich denn mit einem Rasierapparat?» fragte der Papa. Er hatte wirklich vergessen, daß er ein Papa ist.

Aber dann entdeckte er eine Menge Kinderzeichnungen. «Das sind aber schöne Bilder!» sagte der Papa und wurde ganz vergnügt. Und wie er noch so auf die Bilder schaut, werden sie plötzlich lebendig. Da kommen plötzlich die Kühe mit steifen Beinen aus dem einen Bild herausspaziert und aus einem anderen lauter kleine, runde, rosige Schweinchen und aus einem dritten Pferde mit viel zu kleinen Köpfen, und die laufen dem Papa alle zwischen den Beinen durch und wuseln im Zimmer umher. Da setzte sich der Papa auf den Teppich und spielte mit den Kühen, den Pferden und den Schweinchen und war ganz glücklich.

«Jetzt wollen wir mal frühstücken und den Geburtstagskuchen anschneiden», sagte die Mama. Aber der Papa hörte nicht, er saß auf dem Teppich und spielte mit den Pferden, den Kühen und den Schweinchen und war glücklich. Da riefen die Kinder: «Papa, komm zum Frühstück, es gibt Geburtstagskuchen!» Aber der Papa hörte nicht, und die kleinen Schweinchen liefen ihm immer zwischen den Beinen durch und wuselten im ganzen Zimmer umher. Da stellten die Kinder dem Papa den Geburtstagskuchen direkt vor die Nase, und endlich wachte er auf und sagte: «Nun wollen wir mal den Geburtstagskuchen verteilen.» Und er schnitt für jedes Kind und für die Mama und für sich selbst Stücke von dem Kuchen ab. Als jeder ein Stück Kuchen hatte, sagte der Papa: «Aber meine Pferde und Kühe und Schweinchen müssen auch was vom Kuchen

abhaben.» Und er schnitt alles, was übrig war, für die Pferde mit den zu kleinen Köpfen, für die Kühe mit den steifen Beinen und für die runden, rosigen Schweinchen auf. Aber als er sich mit dem Teller mit dem Kuchen auf den Teppich zu seinen Tieren setzen wollte, da waren die alle schon wieder ins Papier zurückgelaufen.

Da fiel dem Papa wieder ein, daß er ein Papa ist.


## Abenteuer einer Flöte

4. 3. 67

Es war einmal eine Flöte, die lag immer in einer dunklen Schublade und hätte so gern auch einmal etwas von der Welt gesehen. Eines Tages hatte Jantje die Schublade offengelassen. Heimlich schlich die Flöte heraus, schlängelte sich durch das ganze Zimmer, machte sich ganz dünn und schlüpfte durchs Schlüsselloch und kam schießlich in den Garten.

«Oh, ist es hier schön!» sagte die Flöte und pfiff sich ein Liedchen: tüdellüdellüddüddü! Da sah sie einen Apfelbaum und kletterte hinauf. «Ei, was für schöne rote Äpfel hängen hier», sagte die Flöte und aß einen ganzen Apfel auf. Da kam ein Vogel angeflogen und fragte: «Wer bist du denn?» – «Ich bin eine Flöte», sagte die Flöte, und ihre Stimme klang viel tiefer als vorhin. «Nanu, du hast ja eine Stimme wie eine Trompete», sagte der Vogel. «Ja», sagte die Flöte, «das muß von dem Apfel kommen.»

Dann schlängelte sich die Flöte wieder vom Baum herunter und kroch in das Regenrohr hinein, bis hinauf zur Dachrinne. Dabei hatte sie viel Wasser geschluckt. Oben auf dem Dach saß ein anderer Vogel und fragte: «Wer bist denn du?» – «Ich bin eine Flöte», sagte die Flöte, und ihre Stimme klang noch tiefer. «Was? Eine Flöte willst du sein?» sagte der Vogel, «du hörst dich ja an wie eine Posaune.» – «Ja», sagte die Flöte, «das muß vom Wasser kommen.»

Dann kroch sie noch ein bißchen höher, bis auf den Schornstein hinauf. Da kriegte sie den schwarzen Rauch in die Nase und mußte furchtbar husten: ocho-ocho-ocho! Sie mußte so doll husten, daß sie kopfüber in den Schornstein hineinfiel. Sie fiel durch den Kamin durchs ganze Haus hindurch bis in den Keller. Da kam sie zum Ofenloch heraus und traf eine kleine Maus. «Wer bist denn du?» fragte die Maus.

«Ich bin eine Flöte», sagte die Flöte, und ihre Stimme klang noch tiefer. «Das glaub ich nicht», sagte die Maus, «denn was macht denn eine Flöte im Ofenloch?»

«Ach, wenn die wüßte, wo ich noch überall gewesen bin», dachte die Flöte, «aber die ist eben zu dumm.» Und ließ die Maus stehen und rannte, so schnell sie konnte, zurück ins Kinderzimmer, wieder hinein in die Schublade, die noch immer offenstand.

Am nächsten Tag hatte Jantje Flötenstunde. Die Tante Traut flötete vor: Düü – düü – düüü! Und Jantje tutete: Boo – boo – booo! «Was ist denn das?» sagte Tante Traut. «Das ist ja keine Flöte, das ist ja ein Fagott!» Und als Jantje genauer hinsah, da hatte sie ganz schwarze Finger gekriegt. Das kam von dem Rauch. Und zu Weihnachten hat sie sich eine neue Flöte gewünscht.

# Der Schokoladenelefant

Mai 67

Es war einmal ein Elefant, der aß so gern Schokolade. Als Almut und Bettina ihn im Tierpark besuchten, brachte ihm jede ein Stück Schokolade mit. Aber der Elefant blies die Schokoladenstückchen mit seinem Rüssel in die Luft und posaunte: «Was? Solche winzigen Stückchen wagt ihr mir anzubieten?» Nächstes Mal brachten sie jede eine ganze Tafel Schokolade mit. Die fraß der Elefant auf. Aber nachher sagte er: «Das war viel zuwenig.» Nächstes Mal brachten die beiden gleich zehn Tafeln Schokolade mit, ihr ganzes Taschengeld für viele Wochen hatten sie dafür ausgegeben. Der Elefant fraß alles auf, aber er hatte immer noch nicht genug. «Das war viel zuwenig», sagte er. Da liefen Almut und Bettina ein paar Tränen die Backen herunter, weil sie es doch so gut mit dem Elefanten gemeint und ihr ganzes Taschengeld für ihn ausgegeben hatten.

Nächstes Mal brachten Almut und Bettina einen ganzen Eimer voll Schokolade mit. Christoph und Hanne und alle Kinder in der Straße hatten ihr Taschengeld zusammengelegt, damit der Elefant sich einmal richtig an Schokolade satt essen konnte. Als sie im Tierpark waren, kam der Elefant ganz langsam aus seinem Elefantenhaus heraus. «Der geht schon ganz langsam», sagte Almut, «das kommt vom vielen Schokoladefressen.»

«Ja, und er ist schon ganz braun», sagte Bettina, «das kommt auch davon.» Diesmal grunzte der Elefant vor Vergnügen und wurde wirklich satt von der vielen Schokolade. Nächstes Mal gingen Almut und Bettina mit leeren Händen in den Tierpark, sie hatten keine Schokolade mehr kaufen können, weil ihr ganzes Taschengeld alle war. «Was wird nur unser Elefant sagen, wenn wir ohne Schokolade kommen», jammerten sie. Aber diesmal kam der Elefant gar nicht mehr aus seinem Haus heraus. «Er ist wohl zu faul geworden vom vielen Schokoladefressen», sagten sie. Aber als sie ins Elefantenhaus hineinschauten – wißt ihr, was sie da sahen? Einen riesengroßen Elefanten aus Schokolade. Ja, der Elefant hatte so viel Schokolade gefressen, daß ein richtiger Schokoladenelefant aus ihm geworden war.

«Den könnt ihr mitnehmen», sagte der Elefantenwärter, der keine Lust hatte, auf einen Schokoladenelefanten aufzupassen. Und er faßte mit an und half, den Elefanten auf ein Lastauto zu laden, das ihn vor Almuts und Bettinas Haustür brachte.

Da hatten sie jetzt ihr Lebtag genug Schokolade zu essen, und für Christoph und Hanne und all die andern Kinder in der Straße reichte es auch noch.

## Die schwarze Puppe

Mai 67

Es war einmal ein Kind, das behandelte seine Puppe ganz schlecht. Die arme Puppe war immer unordentlich angezogen, sie wurde an den Haaren und an den Beinen gezerrt, und abends lag sie nicht in ihrem Puppenbettchen, sondern irgendwo auf dem Fußboden herum. Es war eine ganz schöne Puppe mit rosigen Bäckchen und langen, blonden Haaren. Aber eines Tages, als das Kind aufwachte und seine Puppe unter dem Bett hervorzog, wo sie wieder die Nacht über gelegen hatte, da war die Puppe plötzlich ganz schwarz. «Nanu», sagte das Kind, «gestern abend warst du doch noch weiß und blond, und jetzt bist du schwarz?» «Ja», sagte die Puppe, «ich habe mich schwarz geärgert, weil du mich so schlecht behandelt hast.»

Da war das Kind doch ein bißchen traurig und wollte nun immer ganz nett zu der Puppe sein. Es zog sie jetzt immer hübsch an und ließ sie nicht mehr herumliegen. Aber die Puppe war und blieb schwarz.

Eines Tages ging das Kind mit der schwarzen Puppe im Bürgerpark spazieren. Da begegnete ihnen ein Neger mit seinem Kind. «Schau mal, Papa», rief das Negerkind, «eine schwarze Puppe! Ist die aber schön! Die möchte ich gerne haben!» – «Du hast doch auch eine schöne Puppe», sagte der Negervater. «Ja, aber die ist ja weiß und nicht schwarz.» Da sagte das weiße Kind zu dem schwarzen Kind: «Soll ich dir meine Puppe schenken?» – «Au ja», sagte das schwarze Kind, «und ich schenke dir meine Puppe.» So hatte jetzt das schwarze Kind eine schwarze Puppe und das weiße Kind wieder eine weiße Puppe.

Aber die weiße Puppe gefiel dem Kind gar nicht so sehr. Es weinte der alten Puppe manche Träne nach, wenn es abends ins Bett ging. Aber es war doch sehr lieb zu der neuen weißen Puppe, die ihm das Negerkind geschenkt hatte, denn sonst hätte sie sich am Ende auch noch schwarz geärgert.

Eines Morgens klopfte es an die Tür – klopf–klopf–klopf! – und wer kam herein? Die alte Puppe war wieder da! Und sie war wieder weiß und hatte rosige Backen und einen blonden Schopf. «Ja, da bist du ja wieder!» rief das Kind. «Und bist gar nicht mehr schwarz?» – «Ja», sagte die Puppe, «weißt du, das Negerkind ist auch nicht nett zu mir gewesen, und da habe ich mich wieder weiß geärgert und bin zu dir zurückgekommen.» Da war das Kind aber froh. Es ließ sich von der Puppe zeigen, wo das Negerkind wohnte, und hat die andere Puppe wieder zurückgebracht. Und denkt euch, das Negerkind hatte auch schon Tränen um seine alte weiße Puppe vergossen und hat sich so sehr über das Wiedersehen gefreut, daß es das weiße Kind mit allen seinen Puppen zum Puppengeburtstag eingeladen hat.

## Die diebische Elster

Die Elster stiehlt, wie ihr wißt, gern glitzernde Sachen. Einmal nistete in unserem Garten eine Elster. Und Jantje hatte zum Geburtstag von ihrem Papa einen schönen, glitzernden Ring bekommen. Den legte sie abends, wenn sie schlafen ging, neben ihrem Bett auf einen Schemel. Da kam des Nachts, als Jantje eingeschlafen war, die Elster zum Fenster hinein und trippelte auf dem Teppich durch das ganze Zimmer. Ganz leise. So: trip – trip – trip – trip – trip . . . Sie war schon ganz nahe bei dem Ring.
Da stöhnte Jantje laut im Schlaf. So: uuooh!
Kriegte da die Elster aber einen Schreck! Ganz schnell flog

sie durchs Fenster davon und setzte sich im Garten auf einen Baum. Und der Ring lag noch immer neben Jantjes Bett.

Nach einiger Zeit faßte die Elster wieder Mut und flog noch einmal durchs Fenster. Wieder trippelte sie auf dem Teppich durch das ganze Zimmer. Ganz leise. So: trip – trip – trip . . . Als sie schon ganz nahe bei dem Ring war, stöhnte Jantje wieder laut im Schlaf. So: uuooh! Vor Schreck flog die Elster wieder ohne den Ring davon und setzte sich wieder auf den Baum. Nach einiger Zeit kam die Elster ein drittes Mal durchs Fenster und trippelte wieder auf den Ring zu. Ganz leise. So: trip – trip – trip . . . trip – – trip – – – – – trip, da hatte sie den Ring geschnappt und schnell, ganz schnell flog sie mit dem Ring durchs Fenster davon und brachte den Ring in ihr Nest.

Am nächsten Morgen sah Jantje, daß ihr Ring weg ist. Sie hat im ganzen Haus danach gesucht, aber er blieb verschwunden. Da nahm der Papa sein Fernglas und schaute damit im Garten herum. Plötzlich entdeckte er in der Hekke ein Vogelnest, und in dem Vogelnest etwas Glitzerndes. Das war der Ring.

Da gingen Papa und Jantje in den Garten und wollten den Ring wiederholen. Aber die Elster saß im Nest und merkte, daß man ihr den Ring wieder wegnehmen wollte. Da schlichen sich Papa und Jantje ganz leise an das Nest heran. So: trap – trap – trap . . . Plötzlich mußte Jantje niesen: hatschi!

Da flog die Elster weg und nahm den Ring mit. Nach einiger Zeit kam die Elster zurück in ihr Nest. Da schlichen sich Papa und Jantje noch einmal an das Nest heran. Ganz leise. So: trap – trap – trap . . . Plötzlich mußte Papa niesen: hatschi!

Da flog die Elster weg und nahm den Ring mit. Als die Elster wieder in ihrem Nest saß, schlichen sich Papa und Jantje noch ein drittes Mal an das Nest heran. Ganz leise. So: trap – trap – trap . . . trap – – trap – – – – – trap, da hatten sie den Ring gegriffen und liefen schnell damit ins Haus zurück.

Am Abend, als Jantje schlafen ging, legte sie den Ring in ein Schächtelchen, damit die Elster ihn nicht wieder holte. «Heute findest du meinen Ring aber nicht, du diebische Elster!» rief Jantje der Elster zu. Aber wie sie genau hinhörte, da hörte sie die Elster weinen und jammern. «Die jammert sicher, weil sie keinen Ring mehr hat», sagte Jantje. Als die Elster am nächsten Morgen immer noch weinte und jammerte, war Jantje ganz traurig und erzählte die Sache ihrem Papa. Der kaufte einen zweiten Ring, einen ganz billigen, wie er manchmal in Bonbontüten dabeiliegt. Den legte Jantje am Abend neben ihrem Bett für die Elster hin. Und dann tat Jantje so, als ob sie schlief. Und richtig: Bald kam die Elster wieder zum Fenster hinein und trippelte auf dem Teppich durch das ganze Zimmer. Ganz leise. So: trip – trip – trip . . . Und Jantje hat nicht gestöhnt und nicht geniest, und so kriegte die diebische Elster ihren billigen Ring, flog schnell damit davon und hat nie wieder geweint und gejammert.

# Die gebadete Sonne

18. 5. 67

Es war ein ganz heißer Tag, und die Kinder aßen Eis. Aber das Eis war zu kalt, und da hielten es die Kinder zum Fenster hinaus, damit die Sonne es ein bißchen auftaute. Als die Sonne sah, daß da die Kinder ihre Teller mit Eis aus dem Fenster hielten, kam sie schnell ein bißchen näher und leckte an dem Eis. Und ein Eis nach dem andern fing an zu schmelzen. «Ei, schmeckt das gut», sagte die Sonne und leckte sich die Zunge. Und sie war ganz traurig, als die Kinder ihr Eis wieder ins Zimmer nahmen und es nun für die Sonne gar nichts mehr zu lecken gab. Sie leckte noch mal am Fenster, aber das war jetzt wirklich zu.

«Es ist heute wirklich furchtbar heiß», sagte die Sonne. Da schaute sich die Sonne im Garten um und entdeckte eine Badewanne. Die Kinder hatten darin geplanscht, und es war noch Wasser darin. «Ich möchte auch einmal planschen», sagte die Sonne und setzte sich in die Wanne. Als sie etwas ins Wasser tauchte, fing das Wasser furchtbar an zu zischen und zu dampfen, denn die Sonne ist ja so heiß. Da ging die Sonne schnell wieder aus dem Wasser raus, aber wo sie dringesessen hatte, da war jetzt ein großer schwarzer Fleck.

«Komisch», sagte Carola – denn die Kinder hatten natürlich aus dem Fenster zugeschaut –, «wenn wir uns baden, werden wir sauber, und wenn die Sonne sich badet, dann wird sie schmutzig.» – «Quatsch!» sagte Almut – sie ist ja älter und weiß es darum besser –, «die Sonne ist nicht schmutzig, sie hat bloß aufgehört zu glühen, wo sie im

Wasser gesessen hat; da sieht sie jetzt aus wie ein Stein.»
Na, die Sonne hat natürlich auch einen Schreck gekriegt
und hat sich schnell wieder an den Himmel gehängt und hat
gedacht: «Hoffentlich merkt es keiner, daß ich im Wasser
gesessen habe und jetzt einen schwarzen Fleck habe.»
Aber das merkten doch alle. Die Sonne sah jetzt aus wie ein
großer goldener Kringel, und in der Mitte war sie schwarz.
Auch der alte Mond merkte das, und er sagte zu den
Sternen: «Kinder, so können wir doch die Sonne nicht
lassen. Wir müssen den schwarzen Fleck mit goldener
Farbe übermalen.» Das fanden die Sterne auch, und sie
nahmen Farbtopf und Pinsel und wollten die Sonne anma-
len. Aber die Sonne war viel zu heiß, und sie kamen einfach
nicht ran. Da machten sie sich einen ganz langen Pinsel, so
lang wie von Nachbars Haus bis hier. Aber als sie anfangen
wollten zu malen, da fing der Pinsel an zu brennen und fiel
vom Himmel herunter. Und die Menschen, die den bren-
nenden Pinsel fallen sahen, sagten: «Seht, da ist eine Sternschnuppe!»
«So geht es nicht, lieber Mond», sagten die Sterne, «die
Sonne ist zu heiß; nun wird sie wohl immer ihren schwarzen Fleck behalten müssen.» Aber der alte Mond hatte eine
Idee. Er ließ sich einen Bart wachsen, und nach zwölf
Monaten war der Bart so lang, daß er bis zur Sonne reichte,
wenn der Mond den Kopf schüttelte. Aber natürlich schüttelte der Mond nicht den Kopf, sondern hielt den Bart
schön von der Sonne weg, damit er nicht anfing zu brennen. Und dann wartete der Mond einen Tag ab, an dem es
von früh bis spät geregnet hatte, so daß der Bart quatschnaß
war. Da tauchte er ihn am Abend in den großen Topf mit

der goldenen Farbe, und dann wackelte er so mit dem Kopf hin und her, daß der nasse Bart der Sonne genau über die schwarze Stelle fuhr. Immer hin und her, bis die Sonne wieder ganz golden war.

Der Mond hat übrigens Glück gehabt, daß am Tage drauf zufällig ein Friseur zum Mond geflogen kam. Der hat ihm den Bart wieder abrasiert.

## Zu dritt auf einem Pferd

Auf einer Wiese stand ein Pferd, das hatte drei gelbe Flekken. Einen am Hals, einen auf der Brust und einen auf dem rechten Hinterbacken. Da kamen drei Kinder, die wollten das Pferd streicheln. «Pferd, komm einmal her!» riefen die Kinder. «Was wollt ihr denn von mir?» fragte das Pferd. «Wir wollen dich streicheln, du hast so schöne gelbe Flekken.» Da kam das Pferd her und wollte sich streicheln lassen. Aber seine Beine waren viel zu lang; die Kinder kamen mit ihren kleinen Armen gar nicht an den gelben Flecken an. Da legte sich das Pferd nieder und ließ sich streicheln. Ein Kind streichelte den gelben Fleck am Hals, eins den auf der Brust und eins den am rechten Hinterbakken. Als sie lange genug gestreichelt hatten, fragte eines der Kinder: «Dürfen wir jetzt auch mal reiten?» – «Na, dann steigt mal auf!» sagte das Pferd. Das größte Kind setzte sich ganz vorn hin und nahm den Zügel in die Hand, das zweitgrößte setzte sich hinten auf die Kruppe, und das kleinste nahmen sie in die Mitte. «Hü!» sagte das größte

Kind, und dann lief das Pferd immer rund um die Wiese.

«Spring doch mal über den Zaun!» sagte das kleinste Kind.

«Ja, spring mal über den Zaun», sagten auch die andern. Das Pferd hatte ein bißchen Angst, es war noch nie über den Zaun gesprungen, aber es wollte sich nicht auslachen lassen und sprang. Es kam auch richtig herüber, aber die Kinder flogen hoch, und fast wären sie alle heruntergefallen. Aber das erste Kind hielt sich am Zügel fest, das zweite am Zopf des ersten und das dritte am Kleid des zweiten, und so rappelten sie sich langsam wieder hoch.

Da kam eine Mauer. «Spring doch mal über die Mauer!» sagten die Kinder. Die war noch ein bißchen höher als der Zaun, aber das Pferd wollte sich nicht auslachen lassen und sprang. Wieder ging alles gut, nur die Kinder wären fast heruntergefallen. Diesmal hielten sie sich alle an der Mähne des Pferdes fest, sonst wären sie über Kopf geflogen.

Aber dann kam ein großer Misthaufen. «Spring doch mal über den Misthaufen!» sagten die Kinder. Da nahm das Pferd einen großen Anlauf – aber es fiel mitten hinein in den Misthaufen, und die Kinder steckten auch tief im Mist: eines mit den Beinen zuerst, eines mit dem rechten Arm und eines kopfüber.

Das Pferd hatte sich als erstes aufgerappelt und zog ein Kind nach dem anderen mit dem Maul aus dem Mist heraus: erst das Kind, das mit dem Kopf nach unten im Mist steckte – hau-ruck – hau-ruck, dann das Kind, das mit dem rechten Arm drinsteckte – hau-ruck – hau-ruck, und dann das Kind, das mit den Beinen drinsteckte – hau-ruck – hau-ruck. Da standen sie nun und waren von oben bis unten mit Mist bekleckert. Und sie stanken – na, wie stanken sie wohl? – sie stanken wie Mist.

Da trotteten sie alle vier nach Hause, das Pferd zu seinem Bauern und die drei Kinder zu ihrer Mutter. Als die Kinder zu Hause ankamen, fragte die Mutter: «Warum stinkt ihr denn so? Ihr stinkt ja wie Mist!» Da sagte das kleinste Kind: «Ja, wir sind auf einem Pferd geritten.» – «Aber davon stinkt man doch nicht so», sagte die Mutter. «Ja, und dann sind wir über einen Zaun gesprungen», sagte das zweite. «Aber davon stinkt man doch nicht so», sagte die Mutter. «Ja, und dann sind wir über eine Mauer gesprungen», sagte das dritte Kind. «Aber davon stinkt man doch nicht so», sagte die Mutter. «Ja, und dann war da ein großer Misthaufen», sagte wieder das kleinste Kind. «Ach, dann kann ich mir alles Weitere denken», sagte die Mutter und steckte die Kinder in die Badewanne und schrubbte sie mit Seife von oben bis unten ab.

Als sie wieder schön sauber waren und nach Seife dufteten, scharrte es plötzlich draußen vor der Tür. «Wer ist denn da?» fragte die Mutter. Eines der Kinder schaute zum Fenster hinaus. «Das Pferd! Das Pferd!» rief es. Sie machten ihm die Tür auf, und da kam es herein und erzählte: «Ach, ich bin ganz traurig! Als ich zu meinem Bauern kam, hat er mich gar nicht wiedererkannt. ‹Mein Pferd hat drei gelbe Flecken, und du bist überall braun wie Mist›, hat er gesagt, ‹und mein Pferd riecht wie Pferd, aber du stinkst wie Mist.› Und dann hat er mich fortgejagt.» – «Sei nicht traurig», sagten die Kinder, «du kommst jetzt auch in die Badewanne, und dann seifen wir dich ab.» Und so geschah es. Das Pferd setzte sich in die Badewanne, und die Kinder wuschen es ganz sauber.

Und dann setzten sie sich noch einmal alle drei darauf und ritten mit ihm zu seinem Bauern. Der war sehr froh, daß er nun sein richtiges Pferd wiederhatte, und lud die Kinder zu Kuchen und Kakao ein.

## Der Fisch mit den goldenen Augen

31. 12. 67

Es war einmal ein Fisch, der hatte goldene Augen. Alle anderen Fische hatten weiße oder schwarze oder graue oder rote Augen, aber keiner hatte goldene Augen. Und so kam es, daß der Fisch mit den goldenen Augen der einzige Fisch war, der noch keinen Fisch mit goldenen Augen gesehen hatte, denn seine eigenen Augen kann man ja nicht sehen, und einen Spiegel gab es im Meer nicht. Ja, der Fisch mit den goldenen Augen wußte überhaupt nicht, wie Gold aussieht, denn im Wasser gab es diese Farbe nicht. Nicht einmal die Goldfische sind richtig golden, sondern rot. Einmal schwamm der Fisch mit den goldenen Augen tiefer als sonst und dachte: «Vielleicht finde ich weiter unten im Wasser doch noch etwas Goldenes.» Das Wasser wurde immer blauer und blauer, und als er noch tiefer schwamm, wurde es rot und röter, und ganz tief unten wurde es schließlich schwarz und immer schwärzer. Da begegnete er einem Seestern mit fünf Zacken, der schwamm dicht über dem Meeresgrund dahin und sah in der Finsternis ganz schwarz aus. «Nanu», sagte der Seestern, «da schwimmt ja ein Fisch mit goldenen Augen!» – «Ja», sagte der Fisch mit

37

den goldenen Augen, «und ich selbst habe noch nie etwas Goldenes gesehen und suche es hier unten am Meeresgrund. Bist du vielleicht golden?»

«Nein, ich bin nicht golden», sagte der Seestern, «ich bin ja nur ein Seestern.» – «Schade», sagte der Fisch mit den goldenen Augen. «Hier im Meer wirst du sicher nichts Goldenes finden», sagte der Seestern, «du mußt mal aus dem Wasser auftauchen, da oben kriegt man manchmal was Goldenes zu sehen; vielleicht hast du ja Glück.»

Da schwamm der Fisch mit den goldenen Augen wieder nach oben, und er kam aus dem Schwarzen ins Dunkelrote und vom Dunkelroten ins Hellrote und vom Hellroten ins Dunkelblaue. Aber aus dem Dunkelblauen kam er gar nicht heraus, je höher er kam, desto dunkler wurde das Wasser, und als der Fisch seinen Kopf aus dem Wasser in die Luft streckte, da war dort oben gerade Nacht.

«Jetzt kriege ich auch hier oben sicher nichts Goldenes zu sehen», dachte der Fisch und war ganz traurig. Aber plötzlich machte es irgendwo «bums!» und dann «zischschsch!» und dann noch einmal «bums!», und dann fielen vier oder fünf leuchtende grüne Kugeln vom Himmel. Eine Rakete. «Das war aber schön!» sagte der Fisch mit den goldenen Augen. Und gleich darauf stieg noch eine zweite Rakete auf, die hatte rote Leuchtkugeln. Und dann zischte eine Rakete besonders hoch in den Himmel hinauf, und als sie platzte, fielen Leuchtkugeln heraus, die waren – golden.

Der Fisch schaute noch eine Zeitlang dem Feuerwerk am Himmel zu – es war nämlich gerade Silvester – und tauchte dann hinunter ins Meer, um dem Seestern Bescheid zu sagen, was es da oben zu sehen gibt. Er fand denn auch

38

schnell den Seestern am Meeresgrund wieder. «Komm schnell mit! Da oben ist ein tolles Feuerwerk zu sehen!» Und so schwammen sie beide wieder an die Oberfläche des Meeres, der Fisch mit den goldenen Augen und der Seestern, und schauten dem Feuerwerk zu.

Aber plötzlich kam ein Fischreiher dahergeflogen, der packte den Seestern mit seinem Schnabel und trug ihn in die Luft. Sicher hätte der Fischreiher den armen Seestern aufgefressen, wenn nicht eine Rakete dahergeflogen gekommen wäre, dem Fischreiher gerade an der Nase vorbei. Da kriegte der Fischreiher einen solchen Schreck, daß er den Seestern losließ. Der aber bekam so viel von dem goldenen Sprühregen der Rakete ab, daß er plötzlich wie ein richtiger Stern golden glänzte. Und so blieb der Seestern am Himmel hängen und leuchtete Nacht für Nacht über dem Meer und über dem Land.

Der Fisch mit den goldenen Augen hatte zuerst einen großen Schreck gekriegt, als der Fischreiher seinen Freund, den Seestern, davontrug. Aber dann sah er, wie der Seestern dem Fischreiher entkommen und ein richtiger Stern geworden war, und freute sich mit ihm. Alle Jahre einmal – an Silvester – kommt der Seestern vom Himmel herunter und trifft sich mit dem Fisch irgendwo auf dem Meer. Und dann erzählen sie sich, was sie im vergangenen Jahr gesehen haben, der eine über, der andere unter dem Meeresspiegel.

# Der Doktor und das Wildschwein

11. 1. 68

Der Doktor wurde einmal zu einem kranken Kind gerufen, das wohnte in einem Dorf. Da packte der Doktor sein kleines Köfferchen. Was tat er wohl alles hinein? Eine Spritze, eine Schere, eine Pinzette, ein Heftpflaster, ein Fläschchen Jod, eine Mullbinde und – ein Stück Schokolade. Für wen war wohl die Schokolade? Natürlich für das kranke Kind, wenn es die Spritze bekommt und nicht weinen soll. Das alles packte er also in sein Köfferchen, und dann fuhr er mit seinem Auto los.

Er mußte aber durch einen großen Wald, wo es nur Wege für Fußgänger und Pferdewagen gab, und da es stark geschneit hatte, blieb sein Auto plötzlich mitten im Wald im Schnee stecken und fuhr nicht mehr vorwärts und nicht mehr rückwärts. Der Doktor schaute aus dem Fenster, es schneite immer noch, und er sagte: «So ein Mist! Jetzt schneie ich hier im Wald ein, und weit und breit ist kein Mensch, der mir hier wieder heraushelfen könnte.»

Da sah er plötzlich etwas Dunkles zwischen den Bäumen hin und her laufen, und wie er genauer hinsah, war's ein Wildschwein. «Hallo, Wildschwein!» – «Ja, was soll ich denn?» – «Ich bin hier mit meinem Auto steckengeblieben und muß ganz schnell zu einem kranken Kind. Kannst du mir nicht helfen?» Da kam das Wildschwein heran und sagte: «Ja, wenn du reiten kannst, dann steig mal auf!» Da setzte sich der Doktor auf das Wildschwein und ritt auf ihm im Galopp durch den Wald. Das war ziemlich hart, und die Borsten piekten den Doktor in den Popo. Aber was

40

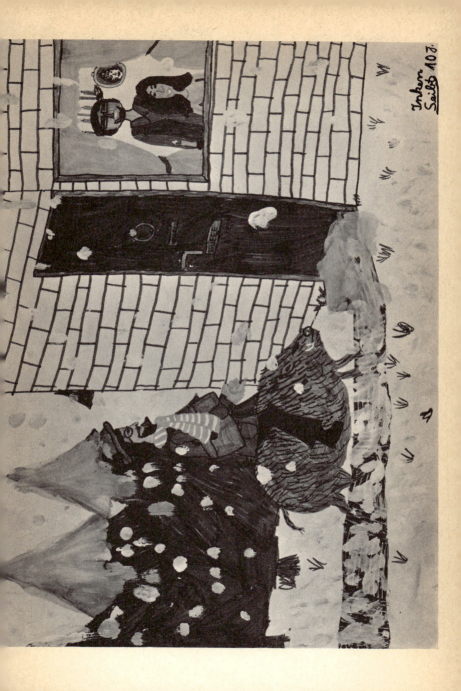

hilft's, er mußte ja schnell zu dem kranken Kind.

Der Vater des kranken Kindes schaute schon ganz ungeduldig aus dem Fenster und sagte: «Wo bleibt bloß der Doktor?» Er konnte ja nicht wissen, daß der mit seinem Auto im Schnee steckengeblieben war. Da sah er ihn plötzlich auf seinem Wildschwein heranreiten. «Komm mal schnell ans Fenster!» sagte er zu dem kranken Kind. Und als das Kind den Doktor auf dem Wildschwein daherreiten sah, fing es an, so furchtbar zu lachen, daß es gleich wieder gesund wurde. Als der Doktor ins Haus trat, sagte es: «Herr Doktor, ich habe mich schon gesund gelacht, Sie brauchen Ihren Koffer gar nicht auszupacken.» Der Doktor war ein bißchen ärgerlich, daß er den weiten Weg gemacht hatte. Aus seinem Koffer holte er die Schokolade heraus und schenkte sie dem Wildschwein. «Vielen Dank, daß du mich getragen hast», sagte er. «Und von Ihnen», sagte der Doktor zu dem Vater des Kindes, «bekommt das Wildschwein noch einen großen Korb voll Kartoffeln.» «Wofür denn das?» fragte der. «Weil das Wildschwein Ihr Kind wieder gesund gemacht hat», sagte der Doktor. Da mußte der Vater des Kindes einen großen Korb voll Kartoffeln für das Wildschwein holen. Und nachher hat er den Doktor auf seinem Trecker in den Wald gefahren und das Auto aus dem Schnee gezogen. Das Wildschwein aber hat sich nie wieder in dem Dorf blicken lassen, denn es hatte im Flur des Hauses, wo das kranke Kind wohnte, eine Büchse hängen gesehen.

# Olli und Molli und der gefangene Vogel

Olli und Molli waren zwei alte Damen. Die hatten in ihrer Wohnung einen kleinen Vogelkäfig mit einem schönen bunten Vogel darin. Der sang von Zeit zu Zeit, und dann sagten Olli und Molli: «Das liebe Tierchen singt so schön! Das liebe Tierchen fühlt sich so wohl bei uns! Das liebe Tierchen hat es ja auch so gut bei uns.» Ja, Olli und Molli taten viel für den kleinen Vogel. Sie brachten ihm morgens frisches Wasser und Vogelmiere und allerlei Sachen, die Vögel gern fressen. Einen Spiegel hatte der Vogel in seinem Käfig, eine Schaukel und eine Glocke. Und abends deckten Olli und Molli ein schwarzes Tuch über den Käfig, damit der Vogel gut schlafen konnte. Ja, so gut hatte es der Vogel bei Olli und Molli.

Nur gut, daß Olli und Molli nicht verstehen konnten, was der Vogel wirklich sagte, wenn er piepte und sang. Manchmal sagte er nämlich: «Ihr denkt wohl, das macht mir Spaß, hier in dem engen Käfig hin und her zu springen. Ich möchte viel lieber weit wegfliegen. Ich möchte von ganz hoch oben auf die Erde niederschauen, da seht ihr beiden so klein wie Ameisen aus.» Und manchmal, wenn Olli und Molli ganz besonders zärtlich turtelten: «Ach, wie süß das liebe Tierchen heute wieder singt», dann packte den kleinen Vogel so die Wut, daß er dachte: «Ich möchte mal ein Löwe sein und die dünnen Gitter des Käfigs zerbrechen!» Einmal hatten Olli und Molli abends eine Damengesellschaft. Molli hatte Geburtstag und hatte alle alten Freundinnen eingeladen. Da wurde das schwarze Tuch von dem Käfig noch einmal hochgehoben. «Seht einmal das liebe

Tierchen!» sagten Olli und Molli. «Ach, wie süß!» sagten die anderen alten Damen.

Der Vogel machte noch einmal ein Auge auf, und er sah nicht bloß die ganzen alten Damen um den Käfig herum, er sah durch eine offene Balkontür den schwarzen Nachthimmel und die Sterne. Und als er gerade dachte: «Jetzt möchte ich einmal ein Löwe sein!», da fiel eine Sternschnuppe. Und was man sich wünscht, wenn eine Sternschnuppe fällt, das geht in Erfüllung.

Kaum also hatte der Vogel seinen Wunsch gedacht, da fing er an zu wachsen, er wurde immer gelber und zottiger, und die Gesichter der alten Damen wurden immer ängstlicher. «Ogottogott!» rief Olli. «Da wird ja ein Löwe draus!» Und so war es. Der Vogel verwandelte sich in einen Löwen, sein Piepsen wurde zu einem fürchterlichen Brummen, seine zarten Füßchen wurden zu großen Pranken, sein kleiner Schnabel wurde zu einem großen Maul mit gefährlichen Zähnen. Der Löwe zerbrach die dünnen Gitter des Vogelkäfigs und stürzte sich mit einem furchtbaren Brüllen ins Zimmer. Die alten Damen fingen an, gellend zu schreien, rannten in panischer Angst hierhin und dorthin, die eine kroch in den Schrank, die zweite unters Sofa, die dritte ins Bett, die vierte sprang aus dem Fenster, und Olli und Molli, die ja am besten in der Wohnung Bescheid wußten, schlossen sich im Klo ein.

Aber der Löwe wollte sie gar nicht fressen. Er ging die Treppe hinunter auf die Straße. Aber auch dort liefen alle vor ihm weg. So ging er schließlich in den Rhododendron-Park und legte sich auf dem Rasen schlafen. Aber noch in der Nacht kamen die Feuerwehr und die Polizei und scheuchten ihn in einen großen Wagen mit Gittern ringsherum und brachten ihn in einen Zoo.

Da läuft der arme Löwe, der einmal ein Vogel war, jetzt hinter einem Gitter hin und her, das so dick ist, daß auch ein Löwe es nicht zerbrechen kann. Manchmal kommen Olli und Molli und ihre Freundinnen in den Zoo und finden den Vogel nun auch als Löwen schön und sagen: «Ach, wie gut hat es doch das liebe Tierchen hier!» Der Löwe aber denkt Tag und Nacht: «Ach, wenn ich doch wieder ein Vogel wäre, dann könnte ich über die dicken Gitter hinwegfliegen!» Und er hofft jede Nacht auf eine Sternschnuppe.

## Carolas Besuch bei der Sonne

9. 67

Es war einmal ein Kind, das hieß Carola. Es war krank und lag im Bett. Da schaute die Sonne zum Fenster herein und fragte: «Willst du nicht ein bißchen herauskommen und dir die Welt ansehen?» – «Ja gern», sagte Carola, «aber wie soll ich denn aus meinem Bett herauskommen, ich bin doch krank?» Da streckte die Sonne einen Sonnenstrahl ins Zimmer hinein und sagte: «Setz dich auf den Strahl und rutsche zu mir herauf!» Und da setzte sich Carola auf den Sonnenstrahl und rutschte auf ihm durchs Fenster und immer höher hinauf, über die Häuser und Bäume hinweg, durch die Wolken hindurch und in den blauen Himmel hinein bis ganz dicht unter die Sonne.

«Hier ist es aber schön warm», sagte Carola. Sie stieg von

dem Sonnenstrahl ab und kletterte auf eine Wolke, die da ganz oben flog. Auf der Wolke aber war ein wunderschöner Garten mit sonderbaren Bäumen. An einem Baum wuchsen Bananen, an einem anderen Baum wuchsen Apfelsinen, an einem Baum wuchsen Bilderbücher, und an einem anderen Baum wuchsen Schokoladen- und Lebkuchenmännlein. Da fragte die Sonne: «Na, Carola, was willst du dir denn abpflücken?» – «Ich will eine Mama und einen Papa abpflücken.» – «Ja, Bäume, an denen Mamas und Papas wachsen, gibt's hier nun doch nicht», sagte die Sonne, «aber vielleicht tut's ja ein Papa aus Schokolade und eine Mama aus Lebkuchen?» Da nickte Carola und pflückte sich eine Lebkuchenmama und einen Schokoladenpapa vom Baum.

«Jetzt will ich wieder runter auf die Erde», sagte Carola. «Da mußt du an einem Sonnenstrahl herunterrutschen», sagte die Sonne. «Wo geht denn dieser Sonnenstrahl hin?» fragte Carola. «Der geht nach Freiburg», sagte die Sonne. «Da rutsch ich ein andermal runter», sagte Carola, «und wo geht dieser Sonnenstrahl hin?» – «Der geht nach Köln», sagte die Sonne. «Da rutsch ich vielleicht auch mal hin», sagte Carola, «aber wo ist denn der Sonnenstrahl, der auf unser Haus scheint?» Da zeigte die Sonne auf einen besonders dicken gelben Strahl, und Carola setzte sich drauf und rutschte – huiiii! – herunter bis auf die Erde und durchs Fenster und – plumps! – mitten ins Bett hinein. Sie hatte noch immer den Schokoladenpapa und die Lebkuchenmama in der Hand. Aber als sie gerade hineinbeißen wollte, da fingen der Schokoladenpapa und die Lebkuchenmama an zu wachsen, wurden immer größer und größer. Und als

Carola sich einmal die Augen wischte, da standen da die richtige Mama und der richtige Papa an ihrem Bettchen. «Schade», sagte Carola, «daß der Schokoladenpapa und die Lebkuchenmama weg sind; jetzt glaubt ihr mir sicher nicht, daß ich bei der Sonne war und in ihrem Garten einen Schokoladenpapa und eine Lebkuchenmama gepflückt habe.» Aber die Mama und der Papa glaubten es auch so. Und sie hatten etwas noch viel Schöneres für das kranke Kind mitgebracht: eine Birne und eine Tüte mit Gummiteddys.

## Carolas Luftreise

14. 6. 67

Carola hatte sich mit einem dicken Federbett zugedeckt, obwohl es ein warmer Sommerabend war. Da schwitzte sie und wälzte sich im Schlaf hin und her, bis sie nicht mehr unter, sondern auf dem Federbett lag. Und da fing das Federbett an zu schwitzen. Es plusterte sich und schüttelte sich und blies sich schließlich so dick mit Luft auf, daß es plötzlich anfing zu fliegen. Es flog mit der schlafenden Carola drauf zum Fenster hinaus, über Nachbars Haus hinweg, über den Schwachhauser Ring und den Bürgerpark, über den Marktplatz und den Dom.

Als es hoch oben über der Weser war, entdeckte es der Mond. «Nanu, was ist denn das?» sagte der Mond. «Vielleicht eine einsame Wolke?» Er holte schnell seine Brille hervor und schaute noch einmal genau hin. «Nein, das ist ja ein weißes Federbett mit einem Kind drauf!» Und er rief den Sternen zu: «Schaut doch einmal nach, wer das ist!» Da

48

kamen schnell ein paar Sterne angeflogen und leuchteten dem Kind ins Gesicht. «Das ist ja Carola!» sagten die Sterne. «Ja», sagte der alte Mond, «da sollten wir sie wohl einmal aufwecken, damit sie auch was von ihrer Luftreise hat.» Und da riefen die Sterne alle ganz leise, und es klang wie Glockenläuten: «Ca-ro-la! Ca-ro-la!» Und der Mond rief auch (tief): «Ca-ro-la! Ca-ro-la!»

Die kleine Carola hörte das im Traum und dachte: «Was wollen denn die Glocken von mir?» Aber dann machte sie doch die Augen auf und sah den Mond und die Sterne, und als sie über den Rand des Federbettes hinabschaute, sah sie die Weser und die Wiesen und ganz hinten die Häuser der Stadt und mittendrin die Domtürme. Da sagte der alte Mond: «Na, Carola, das gefällt dir wohl, wie?» Carola konnte gar nichts sagen vor Staunen. «Was gefällt dir denn am besten?» fragte der Mond. Da sagte Carola: «Das Glokkenläuten.»

Da rief der Mond ein paar Sterne zusammen, die gerade in der Nähe waren, und sagte zu ihnen: «Wollt ihr nicht der kleinen Carola eure Glocken als Andenken schenken?» – «Au ja», sagten die Sterne, und jeder schenkte Carola eine kleine Glocke. Die stopfte Carola in ihr Federbett hinein, sie brauchte bloß einen Knopf ein bißchen aufzumachen. Aber eine behielt sie in der Hand, und mit der klingelte sie immer, wenn ihr in der Luft etwas in den Weg kam. Da flog das Federbett genau auf einen kleinen Stern zu, der am Himmel schlief: Bimmellimmellimm! Huschhusch! flitzte er schnell beiseite. Da segelte ein Vogel: Bimmellimmellimm! Huschhusch!

Schließlich flog Carola wieder nach Hause, über den

49

Marktplatz hinweg, über den Bahnhof und den Bürgerpark, den Schwachhauser Ring entlang bis in die Schaffenrathstraße. Aber das sollten doch die Leute sehen, wie sie da auf dem Federbett durch die Luft flog! Bimmellimmellimm! machte sie mit ihrer Glocke, und als noch immer keiner aus dem Fenster schaute, flog sie die Straße noch einmal auf und ab und schüttelte das Federbett, damit die anderen Glocken auch mitbimmelten.

Als erster wachte Herr Schäfer auf und schaute im Schlafanzug aus dem Fenster: «He, was ist das hier mitten in der Nacht für ein Lärm!» Und dann schaute Frau Clages aus dem Fenster und rief: «Ich hab dir doch schon tausendmal gesagt . . .» Und dann war auch Frau Jacobs aufgewacht und rief: «Ich lasse gleich meine Katze los!» Da dachte Carola: «Die finden das wohl nicht schön», und flog mit ihrem Federbett zum offenen Fenster hinein mitten ins Bett.

Sie schlief gleich ein. Aber sie träumte davon, daß sie auf harten Steinen liege. Das waren die Glocken im Federbett, die sie drückten. Und am nächsten Morgen erzählte sie ihren Geschwistern von der nächtlichen Reise. «Das stimmt ja gar nicht! Das lügst du!» riefen die. Aber dann sagte Carola: «Faßt doch mal ins Federbett rein, da sind noch die Glocken drin!» Und richtig, da zog jedes eine wunderschöne Glocke hervor, und die waren von reinem Gold.

Jetzt hat jedes der Kinder eine Glocke. Und wenn mal eins traurig ist, braucht es nur mit seiner Glocke zu läuten, dann schaut gleich der Stern, dem die Glocke einmal gehört hat, zum Fenster herein und tröstet es.

# Die Seejungfrau

2. 68

Kapitän Rotbart war auf allen Weltmeeren gefahren. Er hatte viele Länder und viele Menschen gesehen, aber er hatte keine Frau zum Heiraten gefunden. «Schade, daß es keine Seejungfrauen gibt», sagte er manchmal. Einmal kam Kapitän Rotbart mit seinem Schiff in einen schweren Sturm. Die Wellen waren so hoch wie Häuser und schlugen das Schiff ziemlich kaputt. Die Funkanlage war kaputt, viele Bullaugen waren zerschlagen, und was zu essen an Bord war, wurde durch Salzwasser verdorben. Als der Sturm vorbei war, rief der Kapitän den Schiffsjungen: «He, Jung, klapper mol in den Mast un kiek tau, ob dor en anner Schipp to seihn is!» (He, Junge, kletter mal in den Mast und sieh zu, ob dort ein anderes Schiff zu sehen ist!) Der Junge kletterte den Mast hoch und setzte sich da ganz oben hin. «Ik seih nix», (ich sehe nichts) rief der Junge herunter. «Bliw man baben und kiek ümmer ringsümtau!» (bleib mal oben und schau immer ringsumher) rief der Kapitän. Nach einer halben Stunde rief er wieder nach oben: «Jung, sühst du wat?» (Junge, siehst du etwas?) «Ne, ik seih nix», (nein, ich sehe nichts) rief der Junge zurück. Nach einer halben Stunde rief der Kapitän noch einmal: «Jung, sühst du wat?» – «Ne, ik seih nix», rief der zurück. Aber plötzlich, als noch eine halbe Stunde vergangen war, rief der Junge: «He, Käpt'n, ik seih Land!» – «Wat sühst du?» – «Ik seih Land, Käpt'n!» Der Kapitän nahm sein Fernglas vor die Augen, und richtig: Da tauchte hinten am Horizont eine Insel auf, und als sie näher kamen, sahen sie grüne Ananaspalmen und Bananenbäume.

Als sie dicht an die Insel herangekommen waren, warfen sie den Anker aus, und der Kapitän und der Schiffsjunge ruderten mit einem kleinen Boot an den Strand. «Töw mol hier!» (warte mal hier) sagte der Kapitän. Der Junge mußte auf das Boot aufpassen, und der Kapitän ging in den Palmenwald hinein. Da wuchsen Bananen, Ananas, Apfelsinen, Kokosnüsse, Datteln; man brauchte sie nur von den Bäumen zu pflücken. Käpt'n Rotbart versuchte, an einer Ananaspalme hochzuklettern, aber nach drei Metern ging ihm die Puste aus, und er rutschte wieder runter. Da mußte der Junge her. Aber als der Kapitän wieder an den Strand kam, war der Junge weg. «Junge!» rief er. Aber kein Junge war zu sehen. «Junge!» rief er nach der anderen Seite. Aber der Junge blieb verschwunden. Plötzlich tauchte ein nasser Kopf aus dem Wasser auf: Das war der Junge. «Käpt'n», rief er, «hier giwwt dat Seejungfrauen!» (hier gibt es Seejungfrauen) «Düwel ok», (Teufel noch mal) schimpfte der Käpt'n, «du wist mi woll ton Naren hollen.» (Du willst mich wohl zum Narren halten.) «Ne würklich, dat is wohr», sagte der Junge, «sall ik mol en rupperholen?» (Soll ich mal eine raufholen?) «Man tau», (nur zu) sagte der Kapitän. Und der Junge tauchte noch einmal und kam nach einiger Zeit mit einer kleinen Seejungfrau wieder nach oben.

Da schickte Käpt'n Rotbart den Jungen mit einem Sack in den Palmenwald; er sollte Ananas und Bananen und Apfelsinen und Kokosnüsse und Datteln pflücken. Und als der Junge weg war, holte der Käpt'n die Seejungfrau in das kleine Boot und fuhr mit ihr spazieren. Sie fuhren einmal um die ganze Insel herum, und ich weiß nicht, was sie sich unterwegs alles erzählt haben. Der Junge kletterte inzwischen auf die Bäume und pflückte den ganzen Sack voll Ananas und Bananen und Apfelsinen und Kokosnüsse und Datteln und aß sich bei der Gelegenheit natürlich satt. Er aß so viel, daß er zum Schluß kaum noch klettern konnte. Als er den Sack voll hatte und wieder an den Strand kam, waren der Käpt'n und die Seejungfrau und das Boot weg. «Käpt'n!» rief der Junge. Aber kein Käpt'n weit und breit. «Seejungfrau!» rief der Junge. Aber keine Seejungfrau weit und breit.

Plötzlich kamen der Käpt'n und die Seejungfrau ganz gemütlich in dem kleinen Boot angeschippert. Da hievte der Junge den Sack mit den Früchten ins Boot und stieg selbst hinein. Und dann ruderten sie alle drei los. Aber kaum waren sie ein bißchen von der Insel weg, da fingen der Käpt'n und der Junge an, sich zu streiten, wem nun die Seejungfrau gehören sollte. «Ich habe sie zuerst gesehen», sagte der Junge. «Und ich bin der Ältere», sagte der Käpt'n. So ging das hin und her und mit Armen und Beinen, und das Boot schwankte rauf und runter, und plötzlich – – plumps – kippte das Boot um, und der Käpt'n und der Junge und die Seejungfrau und der Sack mit den Früchten fielen ins Wasser. Der Käpt'n und der Junge schluckten eine ganze Menge Wasser, und als sie prustend und schimpfend aus dem Wasser auftauchten, da war die Seejungfrau weg. Mit Mühe und Not schwammen der Käpt'n und der Junge zum Schiff zurück, ihr Boot war untergegangen, und unterwegs hatten sie gerade noch ein paar Bananen aufgefischt. Bevor die Reise weiterging, mußte

53

der Junge noch einmal zur Insel schwimmen und einen neuen Sack mit Früchten holen. Aber die Seejungfrau blieb verschwunden. Erst als der Dampfer wieder in See stach, tauchte ein schlanker weißer Arm aus dem Wasser und winkte. Und als der Käpt'n und der Junge hinsahen, da kam die Seejungfrau auch mit dem Kopf aus dem Wasser und warf den beiden eine Kußhand zu. «Sie hat mich gemeint», sagte der Junge. «Nein, sie hat mich gemeint», sagte der Käpt'n. Und sie kriegten sich wieder in die Haare und gingen mit Arm und Bein übereinander her. Aber der Dampfer war zu groß, als daß er davon umgekippt wäre.

## Rosenstiel und Rosenstengel (1)

Rosenstengel, der Gärtnerjunge, wollte die Natur schöner machen, als sie ist. So fand er auch die Sonnenblumen mit ihrem großen gelben Blütenkorb langweilig, kletterte an den dicken Sonnenblumenstengeln hoch und schnitt mit einem Messer Gesichter in die Blütenkörbe: zwei Augen, eine Nase und einen Mund. Als der Gärtnermeister Rosenstiel sah, wie Rosenstengel seine Sonnenblumen zugerichtet hatte, wurde er sehr böse. «Was soll ich jetzt mit diesen Sonnenblumen anfangen? Die kauft mir kein Mensch mehr ab!»
Da schnitt Rosenstengel die Sonnenblumen ab, legte die Stengel auf einen Haufen und tat die Köpfe in einen Korb. Dann nahm er sich zwei Kisten und setzte sich damit frühmorgens auf den Blumenmarkt. Auf die eine Kiste

stellte er den Korb mit den zerschnittenen Sonnenblumen-
köpfen, und auf die andere Kiste setzte er sich. Und dann
rief er: «Schöne Masken zu verkaufen! Schöne Masken zu
verkaufen!» Und, denkt euch! Die Leute kauften ihm die
Sonnenblumenköpfe mit den dareingeschnittenen Augen,
Nasen und Mündern als Masken ab. So eigenartige Masken
hatten sie noch nie gesehen, und sie zahlten ihm dafür, was
er haben wollte: 5 Mark das Stück.

Am Mittag hatte er alle Sonnenblumenmasken verkauft
und trug einen schönen Haufen Geld in die Gärtnerei. «Wo
kommst du denn her?» fragte ihn Herr Rosenstiel. «Ich
habe Ihre Sonnenblumen verkauft», sagte Rosenstengel,
«raten Sie mal, was ich für das Stück bekommen habe?» –
«Nun, ich habe sie sonst für eine Mark fünfzig verkauft»,
sagte Herr Rosenstiel. «Wenn ich nun mehr bekommen
hätte?» fragte Rosenstengel. «Dann kannst du den Rest
behalten», sagte Herr Rosenstiel. Der hat aber gestaunt, als
Rosenstengel mit ihm abrechnete. «Die Sonnenblumen-
stengel bin ich nicht losgeworden», sagte Rosenstengel,
«die schenke ich Ihnen.»


## Rosenstiel und Rosenstengel (2)

Rosenstengel schrieb einmal einen Brief, und das tat er,
weil er so gern im Freien war, natürlich mitten in Herrn
Rosenstiels Garten, gleich neben dem Rosenbeet. Aber
plötzlich, wie das so kommt, fiel ihm das Tintenfaß um und
bekleckerte die schönen roten Rosenblüten mit Tinte. Die

waren jetzt ganz schwarz, und Herr Rosenstiel schimpfte sehr.

«Ich weiß gar nicht, was Sie wollen», sagte Rosenstengel, «die Rosen sehen doch sehr schön aus!» – «Du bist gut», sagte Herr Rosenstiel, «meine schönen roten Rosen sind jetzt schwarz wie die Nacht.» – «Aber Herr Rosenstiel», sagte Rosenstengel und tat ganz erstaunt, «die Rosen sind doch gar nicht schwarz, die sind doch rot; Sie sind wohl farbenblind?» Da wurde Herr Rosenstiel unsicher und ging weg.

Am Abend, als Rosenstengel schon im Bett lag, sagte Herr Rosenstiel zu seiner Frau: «Schau dir doch bitte mal die Rosen im Garten an, ob die rot oder schwarz sind; Rosenstengel sagt, ich sei farbenblind.» Die Frau guckte sich die Rosen an und sagte: «Die sind schwarz.» Da wollte Herr Rosenstiel ein ernstes Wort mit Rosenstengel reden und ging in sein Zimmer. Aber Rosenstengel zog sich die Decke über die Ohren und stellte sich schlafend. «Na warte, du Schlingel», sagte Herr Rosenstiel, «morgen früh sprechen wir uns.»

Rosenstengel hatte alles gehört und stand am anderen Morgen ganz früh auf. Dann schnitt er die schwarzen Rosen ab und fuhr mit ihnen zum Blumenmarkt. «Schwarze Rosen zu verkaufen! Schwarze Rosen zu verkaufen!» rief Rosenstengel. «Was?» sagten die Leute. «Schwarze Rosen gibt's doch gar nicht.» – «Doch», sagte Rosenstengel, «ein Wunder der Züchtung! Schwarze Rosen zu verkaufen! Schwarze Rosen zu verkaufen!» Und die Leute kauften ihm seine tintenbekleckerten Rosen tatsächlich für teures Geld ab; noch vor dem Frühstück war er alle los.

56

Nur einer hat den Schwindel gemerkt. Der hatte seine Rosen im Regen stehenlassen, und da war die ganze Farbe abgewaschen worden. Dem mußte Herr Rosenstiel sein Geld zurückzahlen und sich für Rosenstengel entschuldigen. Er sagte: «Wissen Sie, der Junge ist manchmal ein bißchen farbenblind.»

## Rosenstiel und Rosenstengel (3)

Rosenstengel mochte Erdbeeren viel lieber als Blaubeeren. Und darum ärgerte er sich, daß es im Wald viel mehr Blaubeeren als Erdbeeren gibt. «Es müßte gerade umgekehrt sein», dachte Rosenstengel und beschloß, die Natur zu verbessern.

Zuerst ging er mit einem Pinsel und einem Topf roter Farbe in den Wald und begann, die Blaubeeren rot anzumalen. Er sammelte dann auch einen ganzen Korb roter Blaubeeren, setzte sich damit auf den Markt und rief: «Schöne Erdbeeren zu verkaufen! Schöne Erdbeeren zu verkaufen!»

Einige Leute probierten auch die sogenannten Erdbeeren und sagten: «Die schmecken ja wie Blaubeeren!» So mußte Rosenstengel am Ende seine angemalten Blaubeeren selbst aufessen.

Nächstes Mal nahm Rosenstengel nicht nur rote Farbe und Pinsel, sondern auch Zucker mit, weil er dachte: «Die Leute haben meine Blaubeeren nur deshalb nicht für Erdbeeren gegessen, weil sie nicht süß genug waren.» Und so pflückte er diesmal einen Korb voll Blaubeeren, die rot angemalt und gezuckert waren, und setzte sich damit auf den Markt. «Schöne Erdbeeren zu verkaufen! Schöne Erdbeeren zu verkaufen!» rief er. «Die sind ja so klein», sagten die Leute. «Ja, das sind Walderdbeeren», sagte Rosenstengel. Aber die Leute fanden, daß Walderdbeeren doch größer seien, und wieder blieb Rosenstengel auf seinen angemalten Blaubeeren sitzen.

Beim drittenmal nahm Rosenstengel nicht nur rote Farbe und Pinsel und Zucker mit, sondern auch eine Luftpumpe. «Ich muß die Blaubeeren aufpumpen, damit sie größer aussehen», dachte Rosenstengel. Und so geschah es. Einige Blaubeeren blies Rosenstengel so dick auf, daß sie platzten und ihn mit blauem Saft vollspritzten. Aber mit der Zeit lernte er die Sache und pumpte eine Blaubeere nach der anderen ein bißchen auf, so groß wie Erdbeeren. Das war ein mühsames Geschäft, und Rosenstengel hatte schließlich nur ein kleines Körbchen voll angemalter, gezuckerter und aufgeblasener Blaubeeren, als er sich auf den Markt setzte. Aber diesmal fand er Käufer für seine Beeren, und das Geld reichte gerade, um sich dafür einen Becher voll richtiger Erdbeeren zu kaufen.

## *Rosenstiel und Rosenstengel (4)*

Einmal sollte Rosenstengel noch nach Feierabend den Rasen mähen, und dazu hatte er gar keine Lust. Aber was hilft's! Also nahm er den Motormäher her und begann, Benzin in den tank zu füllen. «Halt!» dachte Rosenstengel, «der Motormäher soll es nach Feierabend auch mal gut haben.» Und er schraubte die Benzinkanne wieder zu, ging in Herrn Rosenstiels Keller, holte eine Flasche Wein herauf und goß sie dem Motormäher in den Tank. Der machte nur ein paarmal töff-töff-töff, als Rosenstengel an der Anlasserschnur zog, und blieb dann stumm.

«Der Motormäher läuft nicht mehr», sagte Rosenstengel, «und dabei habe ich ihm, weil es eigentlich schon Feierabend ist, sogar Wein zu trinken gegeben!» – «Du Lausebengel», schimpfte Herr Rosenstiel, «dann gieß wenigstens noch die Blumen, die wollen auch nach Feierabend noch was zu trinken haben.»

«Warum sollen es die Blumen schlechter haben als der Motormäher?» dachte Rosenstengel, und er ging noch einmal in Herrn Rosenstiels Keller und holte einige Flaschen herauf. Und dann gab er den Blumen die allerbesten Sachen zu trinken: die Rosen kriegten Sekt, die Stiefmütterchen Bier, den Lupinen gab er Schnaps und den Gladiolen Eierlikör. Dann pflückte er noch einen großen Strauß Margeriten und nahm sie mit ins Gärtnerhaus zum Abendessen und legte sie mit den Stengeln in seinen Suppenteller. «Was soll denn das?» fragte Herr Rosenstiel. «Nun, die Margeriten haben vielleicht auch einmal Appetit auf Suppe», sagte Rosenstengel. «Wie gut, daß nicht auch die Rosen und die Stiefmütterchen und die Lupinen und die Gladiolen Appetit auf Suppe bekommen haben», sagte Herr Rosenstiel. «Ach, die haben schon was Besseres gekriegt», sagte Rosenstengel. Da erhob sich Herr Rosenstiel und ging, nichts Gutes ahnend, in den Garten. Rosenstengel aß inzwischen schnell seinen Suppenteller leer und war verschwunden, als Herr Rosenstiel wiederkam.

Wer erzählt die Geschichte zu Ende?

# Nachwort für Ältere

Diese Geschichten habe ich ursprünglich für meine eigenen Kinder – Irmela, Heiner, Jantje, Almut, Bettina und Carola – erfunden. Sie sind im Erzählen spontan entstanden, beim Zubettgehen oder auf Spaziergängen, und die Kinder haben dabei mitgewirkt, indem sie oft bestimmten, welche Personen oder Gegenstände in der Geschichte vorkommen sollten, oder indem sie vorschlugen, wie die Geschichte weitergehen sollte, wenn dem Vater nichts mehr einfiel. Natürlich gelang nicht jede Geschichte, und nur die wenigsten wurden überhaupt aufgeschrieben – und zwar zunächst nicht in der Absicht, sie einmal drucken zu lassen, sondern um sie den nachwachsenden Kindern später noch einmal erzählen zu können. Aber eines Tages nahm sich eine Literaturagentin, der die Geschichten gefielen, der Sache an und brachte einige von ihnen in einem österreichischen Verlag unter. Die Kritik in Österreich war nicht sehr freundlich; man bemängelte vor allem, daß die Geschichten in «schnoddrigem Reichsdeutsch» geschrieben seien. Aber seit die Geschichten als Rotfuchs-Taschenbücher auf dem Markt sind, haben sie viele Freunde gefunden. Und viele Eltern und Lehrer haben meine Anregung aufgenommen, selbst Geschichten zu erfinden oder von den Kindern erfinden zu lassen. Erfahrungsgemäß macht es allen Beteiligten einen unheimlichen Spaß, man entdeckt eigene schöpferische Fähigkeiten und die Kinder begreifen, daß Geschichten von Menschen produziert sind und daß sie ebensogut ganz anders verlaufen und ausgehen könnten. Kinder können in ihre Geschichten eigene Wünsche hineinlegen und Eltern erfahren daraus manches über Bedürfnisse ihrer Kinder, von denen sie sonst nichts gewußt hätten – Aggressionen und Autoritätenverarschung, aber auch Obszönitäten fahren da ab, die ein traditionelles Erziehungsideal niemals toleriert hätte. Und was da an spontanem Witz zum Vorschein kommt! Probieren Sie es mit Ihren Kindern aus!

In dieser Anregung zu eigener Geschichtenproduktion, zur Veränderung, zum Weiterspinnen der Fabel sehe ich den eigentlichen Sinn dieser Veröffentlichung. Meine Geschichten erheben nicht den Anspruch, Wissen zu vermitteln. Ich halte es für einen großen – aber offenbar unausrottbaren – Irrtum, Kindergeschichten einen belehrenden Inhalt abzufordern. Das gilt, wohlgemerkt, für Geschichten für kleine Kinder im Vorschulalter oder in den ersten Schuljahren. Da gibt es Geschichtenschreiber, die – ebenso wie ich – Sozialisten sind und ihre kleinen Leser oder Zuhörer so früh wie möglich mit den Widersprüchen der kapitalistischen Gesellschaftsordnung vertraut machen wollen. Aber was dabei an Geschichten herauskommt, ist in der Regel entweder zu langweilig für die Kinder oder, wenn die Handlung spannend und witzig angelegt ist, nur deswegen interessant, während der belehrende Gehalt unverstanden bleibt. Die Autoren belehrender Geschichten vergessen zu leicht, daß der Mensch zuerst laufen lernen muß, bevor er Barrikaden erklettern kann. Man kann einem Kind nicht die Ungerechtigkeit der kapitalistischen Ausbeutung begreiflich machen, bevor es überhaupt seine Bedürfnisse erkennen und sie zu formulieren gelernt hat. Und kindliche Bedürfnisse erwachsen aus der Erfahrungswelt des Kindes, die sich in vielem von der des Erwachsenen unterscheidet. Auch das Proletarierkind erlebt die Eltern nicht am Fließband in der Fabrik, nicht als Objekt kapitalistischer Ausbeutung, sondern als Beherrscher der häuslichen Szene, so daß sich kindliche Bedürfnisse oft genug im Gegensatz zu den Bedürfnissen der Eltern einstellen. Wer politisch aufklären will, muß die Zeit abwarten können, in der die Bewußtseinsbildung an entsprechenden persönlichen Erfahrungen des Kindes anknüpfen kann. Kindergeschichten, die von einer belehrenden Absicht her konzipiert sind, kommen nicht an. Kinder lieben die realitätsüberschreitende witzige Situationsentwicklung, wobei es möglichst spannende und überraschende Wendungen geben muß. Diese Erfahrung wird jeder machen, der Kindergeschichten nicht am Schreibtisch ergrübelt, sondern sie in der lebendigen Auseinandersetzung mit Kindern gestaltet.

*Bremen, im Dezember 1974*          *Heinrich Hannover*

# Heinrich Hannover

„Heinrich Hannover will euch und euren Eltern zeigen, daß es gar nicht so schwer ist, selber Geschichten zu erfinden. Man muß sich nur trauen und einfach anfangen, zu erzählen. Die Eltern den Kindern und die Kinder den Eltern und sich dabei zuhören. Wollt ihr es nicht auch mal probieren?"
Rias Berlin

ab 3 Jahre
rororo rotfuchs 257

ab 3 Jahre – rororo rotfuchs 5

4-8 Jahre
rororo rotfuchs 81

4-8 Jahre – rororo rotfuchs 32

ab 3 Jahre
rororo rotfuchs 236

Gesamtauflage der Bücher von Heinrich Hannover bei rororo rotfuchs: Insgesamt weit über eine Viertelmillion Exemplare.

# rotfuchs Spiele- und Beschäftigungsbücher

**Ernst Holtmann — Klamottenkiste**
Anziehsachen zum Selbermachen

Erstaunlich, was man sich alles aus alten «Klamotten» auf den Leib schnippeln kann: Willst du eine kunterbunte Teppichjacke? Oder vielleicht eine Trappermütze aus Fellresten? – Mehr als 100 Ideen zum Selbermachen, alles für ein paar Pfennige und mit ein bißchen Lust und Fingerfertigkeit. – Für Jungen und Mädchen. Band 308

Über 200 Seiten mit Witzen, Reimen, Rätseln, lustigen Geschichten und vielen, vielen Bildern. Die Witzekiste ist keine Mottenkiste. Zwar sind gute alte Witze dabei, aber vor allem neue: zum Schmunzeln, Leiselachen, zum Lautlachen, amüsierten Nachdenken. Tip: nicht mehr als zehn Witze nacheinander lesen. Sei der elfte noch so stark, er bringt dich nicht mehr zum Lachen. Band 253

**Bernd Hof, Holger und Sigrid Sajuntz — Hände hoch!**
Ideen für das Puppenspiel

Überall sind sie: Am Strand, im Sperrmüllhaufen, in der Rumpelkammer: Puppen – oder besser, Wesen mit besonderen Eigenarten. Scheppernde und schlurfende, staksige und struppige. Dieses Buch zeigt, wie man mit merkwürdigen Gegenständen spielt und wie man mit dem kleinsten Puppentheater der Welt auf Flohmarkt-Tournee gehen kann. Band 310

Kriminalkommissar Siegfried Knack ist Rätseln auf der Spur. Auf über 200 Seiten knobelt, drudelt, rätselt und rät der findige Kommissar. Die Witwe Simon hilft ihm bei seiner kniffeligen Beschäftigung. Gemeinsam knacken sie alle Rätselnüsse. Die leichten mit der linken Hand. Die schweren zähneknirschend. Am liebsten aber die lustigen. Denn bei diesem Rätselbuch darf auch gelacht werden.
Band 290

**Friedrich/Krug/Schniebel — Druck machen**
Wie man Schülerzeitungen, Plakate und Flugblätter herstellt und verteilt

Wenn du etwas zu sagen hast, dann sag es und sorg dafür, daß möglichst viele Menschen hinhören und hinsehen. Am besten geht es mit Druck. Mit Siebdruck und Offset-Druck, mit Kopierer und Fotoapparat, mit Rubbelbuchstaben, Schreibmaschine und Filzschreiber. Auf Flugblättern und Plakaten und Postkarten, und ganz besonders gut in Schülerzeitungen. Band 314

In dieser «Zauberkiste» stecken: Knalltüten und Schmuggelkarten, hüpfende Armreifen und haarige Sachen, spielende Gaukler und kochende Hexen, eine Leseratte, ein Bücherwurm und noch viele äußerst geheime Geheimnisse. So wie ein echter Zaubermeister Tauben und Kaninchen aus dem Hut holt, so kann der Zauberlehrling mit ein wenig Simsalabim alles aus der Kiste zaubern.
Band 319

**Evi und Hansjörg Langenfass — Comic-Kochbuch**
Heiße und kalte Tips für Kochkönige und Katastrophenköche

Wer weiß, wie man «Kalten Hund» zubereitet oder «Plombenzieher» herstellt? Wer weiß, daß es außerdem Süßigkeiten und Leckereien gibt, die auch noch gesund sind? – Diese Küchen-Comics enthalten viele Anregungen für Schulpausenbrote, Picknicks und Parties, für Ausflüge und Naschnachmittage mit Freunden. Band 212

R4/82